# *FUOCHI D'ARTIFICIO UN MATTINO D'ESTATE*

**Veronica Orciari**

Titolo | Fuochi d'artificio un mattino d'estate
Autore | Veronica Orciari

ISBN | 978-88-31669-10-8



Youcanprint
Via Marco Biagi 6, 73100 Lecce
www.youcanprint.it
info@youcanprint.it

*A Roma*

**Ama la vita più della sua logica,**
**solo allora ne capirai il senso.**
(Fëdor Dostoevskij)

## Fuochi d’artificio un mattino d’estate

I colori dei vent’anni
A volte provano a tingere
I cieli delle incertezze
Degli amori confusi
E i mari della dolceamara sensazione
Di essere bambini su una spiaggia
Deserta
Un mattino d’estate.

I colori dei vent’anni
A volte sbiadiscono impallidendo
Si perdono dentro se stessi
Si perdono dentro gli errori maldestri
Si perdono nelle infinite praterie
Che si aprono davanti agli occhi
Di chi li indossa tutti i giorni,
I colori dei vent’anni.

Ma quando i colori dei vent’anni
Sbiadiscono
Qualche secondo dopo
Ricompare in loro
Il cangiante, pulsante e instancabile
Nucleo intricato
Dell’arcobaleno vivido e puro
Che è l’albore della loro vita.

I colori dei vent'anni
A volte sono sfumati
Mescolano i loro confini fra loro
Nei contorni di due sagome frammentate
Che si stringono le mani
E che si fanno da ombrello
Durante i brevi temporali
Dei loro cuori dissestati
E assetati
Dal caldo e da tormente di sabbia
Un mattino d'estate.

I colori dei vent'anni
Dipingono bei quadri
Da galleria d'arte
Di quelli davanti a quali
La gente indugia
Un po' di più
E per un attimo ferma il passo
E la mente
Davanti ad una tale perfetta
Imperfezione
Nella quale nulla è chiaro
Ma tutto viene capito.

I colori dei vent'anni
Illuminano la notte

Lasciano tutti a testa in su
E tutta la notte durano
Fino alla fine dei vent’anni
Dove ci si risveglia
E si vedono
Fuochi d’artificio
Un mattino d’estate.

## Ritratto di bambina

Ci sentivamo eterni
Per le strade della nostra città,
Mentre passava il carnevale di volti
Noi raccoglievamo gli sguardi
E calpestavamo la terra con decisione.
Ma non avevamo la minima idea
Di chi fossimo.
Dall'alto dei nostri quattordici anni
Pensavamo di essere costantemente
E sistematicamente,
Erroneamente
perfetti.
Non vedevamo il sentiero dietro di noi
Cancellarsi
A ogni passo in più che percorrevamo,
Non vi era nebbia all'orizzonte.
Sognavamo il maggio dei nostri vent'anni
Lasciando indietro
Le gomme americane.
La vita finisce,
Ho sentito dire da mia madre,
Ma io non so nemmeno
Quando la nostra sia iniziata.
La nostra fine sembra talmente
Lontana e annebbiata,
Che per me

È solo un'invenzione dei grandi,
Che non sanno vivere
E si devono dare le scadenze,
Come quelle delle bollette
O del latte,
Perché altrimenti si dimenticano
Di fare le cose.
Ho conosciuto l'amore
Alla mensa della scuola,
Tu lo hai conosciuto
Nei giardinetti del quartiere.
Sentirsi automobili lanciate
A 200km all'ora
Quando si va in bici in due
Lungo la strada che porta
Verso il diventare grandi.
Tuo padre non c'era,
Non c'era mai,
Nemmeno nella tua testa,
Con la pistola aveva cancellato
Le nuvole dal cielo,
Le parole dalla tua bocca.
E tu mi guardavi in silenzio
Mentre facevamo i compiti
Di matematica
a casa tua.
Crescere era quello che tutti si aspettavano
Da noi

E noi
Crescevamo
Inconsapevoli.
Tu ti addormentavi durante la merenda,
Chiudevi gli occhi dentro il tuo mondo,
Al quale io non ho mai avuto accesso,
Nemmeno quando,
Per la prima volta dopo tanti anni,
Ti ho stretto tra le mie braccia,
Ti ho baciato quegli occhi
Da cui lacrime bollenti di rabbia
E delusione
Eruttavano come lava.
Non sei mai stata un'equazione facile,
tu.
Tutto quello che hai nascosto
Nella polvere delle tue poesie,
Così vecchie e così banali,
Ma così piene di te,
Che ogni volta che le leggevo,
Dopo averti rubato il diario,
Mi sembrava di sentirti parlare
Nonostante stessi sempre in silenzio.
Non sapevi chi fossi,
Ma quando scrivevi,
Prendevi forma come una statua di argilla,
Modellata dalla tua vita scompigliata
E bambina

Adulta
Sembravi uscita da un film d'epoca.
Le strade che prendevi quando tornavi a casa
Erano sempre sbagliate,
Come le tue continue ma incostanti
Giornate no,
Dove non uscivi mai,
Ma la metamorfosi accadeva proprio lì,
Quando la mattina dopo arrivavi a scuola
Con gli occhi gonfi e assonnati
Ed eri donna.
La paura ti si leggeva sul volto,
Quando il seno cominciava a spuntare
E il tuo corpo si ribellava ai tuoi candidi capelli
Di bimba
E le pulsioni inattese
Ti facevano strabuzzare gli occhi
E ti tingevano le guance di chiazze purpuree.
Sei cresciuta alla fine,
Hai buttato nell'indifferenziata
La tua indifferente noia,
Hai cambiato i vestiti,
Le abitudini,
La scuola,
Hai preso la macchina
E non sbagli più strada
Perché adesso
Usi il navigatore.

Ti ho ritrovata,
Ma no,
Non ti ho amata,
Come dicono tutti,
Come la prima volta.
La prima volta,
Bambina mia,
Come i tuoi dieci
Undici
Dodici
Tredici
Quattordici
Anni
Non tornerà più.
Quello che provavo io,
Ragazzo bene di città,
Nella incoerenza dei miei
Brufoli di adolescente,
L'ho lasciato scritto
Sulle tue labbra
Chiuse
Quel pomeriggio dopo scuola.
Una piccola dea cresciuta nell'ombra,
Nutrita dall'acqua e dal sale
Eri per me,
Che
cresciuto con l'oro
E con la vita tappezzata

di certezze
Vedevo in te una fragile
E bellissima
Canzone
D’amore.

## N.1

Non posso fuggire,
intrappolata nelle mie fantasie, nelle mie paure.
Non posso fuggire,
il peso del mondo sulle mie spalle, di vetro.
Ai miei piedi le antiche rovine del passato,
maestose e terribili,
polverose e splendenti,
cadono a pezzi davanti ai miei occhi
con lo scorrere indeterminato del tempo.
Sulla mia testa
i demoni alati del mio presente
sbattono ali frenetiche e sputano veleno.
Il mio corpo trema e si dibatte
sempre più dilaniato
dalla sofferenza, figlia di una forza
endogena e distruttrice
che brama lacrime e dolore.
Sulla collina, nella nebbia,
il futuro, tinto di incertezze e timori,
colmo di se e forse,
di perdite e di incontri,
di morte, amore,
speranza e terrore.
Nel cielo la tempesta,
le barche della notte
spinte dentro la bonaccia del giorno

dove il mattino ha il sapore della rinascita
e insieme il nauseabondo
odore della sconfitta.
E poi l'aria,
che mi penetra come una coltellata,
dà corpo al mio sangue
e ai miei pensieri di farfalla.
La battaglia infuria,
l'esito della guerra è incerto,
ma è questo che la rende così spaventosa
e così avvincente.
E la bellezza del mondo da un lato,
vestita da sposa,
e la pena del mondo dall'altro,
vestita a lutto,
gli occhi persi e le mani giunte.
E io nel mezzo, a terra, abbattuta,
ricoperta di cenere e luce,
persa nella mia stessa vita,
che mi guarda piangente,
chiedendomi, in ginocchio,
di essere vissuta.

## N.3

Arriccio i miei capelli,
Come vorrei arricciare i miei pensieri,
E farli rimbalzare via, come molle, dalla mia mente.
Mi stanno soffocando, figli della mia stessa testa:
Atena radiosa, armata e guerriera
Si appresta a combatterli.
La realtà è lontana, persa in nubi di fumo,
Appare mostruosa alla vista,
Mi dà nausea e vertigine.
Io sono lontana, persa dentro me stessa
E nel mio stesso corpo estranea.
E mi do nausea.
E mi do vertigine.
Il tempo incalza
E io mi perdo nel ritrovarlo,
Satiro gioioso e birichino,
Nascosto fra gli alberi.
E tra tutti, Pan, il divino,
Lui, splendido, seguito
Dalla sua folle schiera
Chiama a sé le mie paure
Le accarezza
E dà loro
Il suo
Nome.

**Parla piano,**
**se parli d'amore.**
(William Shakespeare)

## Amore profano

Il sapore di un film
sulla bocca
e l’odore di un vecchio disco
nella tua cucina.
Penso di adorare la tua ombra.

La danza infinita,
un walzer viennese
ballato in una discoteca di Berlino
al suono di chitarre andaluse.
Penso di amare il modo in cui ti muovi.

Le tasche del tuo cappotto
che lasci sulle mie spalle tremanti
coprono le mie ali d’angelo di plastica.
Penso di amare la metropolitana.

La consistenza dei libri nella tua libreria
e il calore del tuo corpo
tra le righe delle mie poesie
e delle mie notti insonni.
Penso di amare Pablo Neruda.

Il rumore del sole
quando al mattino ci inonda
ancora addormentati

mentre guardiamo la luna.
Penso di amare l'incertezza
del nostro amore.

**Suonami**

Suonami come suoni la tua chitarra,
sfiorandola, con carezze,
come se il mio corpo fosse suono
e la mia pelle dolce melodia.

Suonami con la paura di sbagliare,
non importa se le tue mani fremono,
ricomincia ancora e ancora
fino a che non sarà perfetto.

Suonami, accordo perfetto,
la musica scorre sui nostri corpi,
la tua canzone accompagna i nostri movimenti,
le tue dita intrecciano i miei pensieri.

Suonami, suonami l'anima,
tocca le corde del mio cuore,
suona quello che vuoi,
io ascolterò, amandoti.

Suonami, suonami il corpo,
tocca le corde del mio petto,
suona quello che vuoi,
io ascolterò, amandoti.

Suonami.

E mentre suoni,
canta.
Canta l’amore.

**Particelle**

E se mi scivolerai via fra le mani
Come un sapone
Che profuma di vita e di paura
Di gioventù e di anni che passano
Ma che ti accarezza la pelle
Con tanta dolcezza
Da non sfiorarti nemmeno
Allora io lo accetterò.
Se l'acqua consumerà il tuo ricordo
Scorrendo impietosamente
Come è solita fare con gli uomini
Io ti ricostruirò nella mia mente
E nei miei versi
E lì vivrai al sicuro
Dagli scherni del mondo.
L'acqua nulla potrà
Contro le tue mani dentro i miei occhi
Chiusi a chiave
Dentro i minuti che mancano all'alba
Del giorno in cui
Lasciando questa terra
Io le porterò con me
E sui lembi di terra del mio corpo
Ci saranno le tue impronte.
E mentre mi laverò di te
Cancellerò via

Le macchie sulla mia pelle
Creandone di nuove
E la mia canzone
Così piena di cliché e di non detti
Finirà in bolle di sapone
Soffiate in Piazza del Popolo
Per l'estasi dei bambini.

**Domani**

E il domani che verrà
Forse sarà intessuto con il filo
Bianco
Dei nostri giorni non scritti
Lasciati ad attendere
Giorni d'inchiostro.

Il domani che verrà
Forse sarà vissuto sotto
Una panchina
In un qualche parco
Di qualche piccola città.

Forse sarà vissuto
Da noi due
Bambini
Che si tengono per mano
Aspettando di vedere
I gialli sfavillii dell'estate
Con la pelle fragile
Appena uscita dal guscio
Abbagliata dal sole
Del nostro futuro.

Oppure da noi
Con la pelle erosa dalla pioggia

Dei nostri anni
Mentre ad occhi chiusi
Guardiamo il verde degli alberi
Scolorire?

Mi stringerai la mano
Mentre staremo a guardare
I fili bianchi del tempo
Farsi e disfarsi
E noi
Vecchi e bambini
Ne avremo cura
E paura?

Mi stringerai la mano
Mentre
Avere tutta la vita davanti
E tutta la vita alle spalle
Sarà la stessa cosa
E non farà più
Rumore?

Mi stringerai la mano
Mentre
Soffiando sulle candeline
Dei nostri anni
Non riusciremo mai a spegnerle
Le lasceremo così accese

In un unico grande desiderio
Sospeso
Scritto a matita
Su qualche pagina
Con la data
Di domani.

**Ossigeno**

E come quando le luci delle candele
Inclinando la testa da una parte
O dall'altra,
Perché l'aria è per loro pesante
Faticano a restare in piedi
Così la mia testa si inclina,
Appoggiandosi
Al cuscino dei miei pensieri
Che ora hanno
Il colore dei tuoi occhi.
E se Dio ha dato agli uomini
L'amore
Per far sì che non inclinassero la testa
Allora
(forse)
Si è sbagliato.
Io,
La testa,
La inclino quasi ogni notte
E mi sveglio con la cera
Sparsa un po' dappertutto.
Sento il calore che mi scalda
E sento il calore che mi brucia.
Tu mi scaldi
E mi bruci
Allo stesso tempo.

Vorrei dirti i miei segreti
E le mie paure
E vorrei
Che con la tua fiamma
Facessi cenere
Dei miei errori
E cicatrici
Delle mie ferite.
Vorrei che il mio tempo su questa Terra
Fosse una candela
Che seppur inclinandosi
Sotto il peso dell'aria
Riesce così
In qualche modo
A non spegnersi.

*A V.*

**Scalini**

Il rumore che fanno i cieli
Di Trastevere
È ormai scritto negli spartiti
Contenenti
Le musiche mai entrate
In nessun orecchio
Se non nel nostro

Il profumo che hanno i vicoli
Di Trastevere
Affollati
Dai mille volti che non sono te
L'ho respirato
A pieni polmoni
Perché aveva la stessa fragranza
Della casa in cui
Sono cresciuta

La consistenza delle notti
Seduti sugli scalini
Dei nostri corpi
La riesco a toccare
Tra le pieghe
Dei miei insicuri sguardi
Perduti in ogni angolo
Del tuo volto

Il sapore che hanno
I bocconi dei minuti
Che mordiamo
Voraci
A Trastevere
È in fondo
Quello che hanno
Le canzoni chiuse
Dentro le nostre bocche

Canzoni che ancora
Dobbiamo cantare

## Deserto di ghiaccio

Il caldo vento
Della tua presenza
Scuote i deserti
Di ghiaccio
Dentro la mia mente
Sciolti a poco a poco
Acqua di fuoco
Diventati
Tra le tue mani
Che mi stringono.

E se nei mattini
Di marzo
Dentro i primi teatri di primavera
Sarai confinato
Io scriverò di te
E attraverso le mie mani
I deserti di ghiaccio
Dal tuo soffio attraversati
Prenderanno la forma
Di liquida poesia.

**Se il mondo fosse chiaro,**
**l’arte non esisterebbe.**
(Albert Camus)

**La danza di ieri**

Si aprono le danze
Pagane
I Baccanali,
tutt'intorno è un'aura irreale
un coro intonato a voce alta.

Sgorgano lacrime dagli occhi delle giovani donne,
terrorizzate dalla prorompente forza delle loro pulsioni.

Si intrecciano le vesti nelle frenetiche danze,
al suono del tamburo languidi sguardi,
passione detonata, istinti repressi.

Le fronde degli alberi sono scosse
dal vento di mezzanotte, mentre si avvicina il mattino
Tinto di rosa.

Infuria la battaglia nello thymós delle donne,
e come una battaglia,
si trascina dietro il sangue, il terrore,
la purificazione,
la putrida voglia di morire,
la strepitante voglia di impazzire.

Mentre in lontananza si sentono
Urla di piacere e di terrore

La danza di ieri
Si apre e si chiude
E noi giovani donne
E voi giovani uomini
Al ritmo della pazzia
Oggi come un tempo
Balliamo.

## Sinfonia stonata

Un pianoforte.
Bianco e nero, nero e bianco
uniti insieme per creare
un'unica, sconvolgente
Melodia.

Note, note diverse,
note diverse eppure uguali,
colori di suono intrecciati,
da dita distratte.

Se solo il pianista
sapesse suonare.

**Sale**

Mentre la retta infinita inghiotte il giorno
Muore la batteria di un cellulare,
quasi cercasse un modo di comunicare
(che paradosso!)
quasi cercasse, con la sua morte,
di dare nuova vita.
Vita ai pensieri, *as old as the world*,
intrappolati sul fondo del mare,
questo mare che ha odore
di uomo e di Dio,
mescolato col sale.

E quanti poeti migliori di me
hanno guardato il mare.
E quanti amanti migliori di me
hanno saputo amare
e sbagliare.
Un bambino chiede al vento dove sia l'anima
e io
vedo passare due ragazzi innamorati
che hanno la mia età…

Ho letto della vita
e del suon di lei
e ho pianto.
Ho visto la mia mano incapace di capire

incapace di parlare
e ho fatto sì che fossero gli occhi
a prendere il suo posto.

Non mi piace questa poesia, no,
non ha nessun sapore.
Eppure io sono pervasa
dal croccante suono
del silenzio che fa il mare
dal suo pallido rumore.
E la donna seduta al mio fianco
forse ragiona d'amore
o di morte
di bellezza,
o di dolore.

Vedo un blu che diventa bianco
trasparente
e sento, sento parlare del vuoto
le parole che si librano prive di peso.
Vedo chiudersi il cielo sopra i passanti
che per distrazione
non lo hanno visto.

Immagino la guerra
penso che non l'ho mai conosciuta
penso soltanto di essere nata
nel posto giusto

al momento giusto
Penso di sprecare tempo
con la poesia
con il mare
e con il sorriso
di un Dio che non ha volto.

Penso che il bambino che passa fischiettando
non si ricorda più di quello che
il vento gli ha risposto.
Perché il vento non gli ha risposto
Nulla
e Nulla è già una risposta.

Vedo intrecciarsi gli arti dei giovani
carni innamorate
e i pensieri
si frammentano
mentre osservo un uomo
fissare il vuoto,
ascoltando il vento.

Il mare non parla,
ma se lo facesse
chi parlerebbe la sua lingua?
È la stessa lingua del groppo
alla gola che mi attanaglia le parole?
Sono le gocce che cerco

di far tornare a te, o mare,
attraverso i miei occhi?
Si sono perse dentro di me
e cercano una via di uscita.

Il senso di colpa per il mio
essere qui
per il mio esistere
mi offusca la vista e nel frattempo
gli amanti se ne sono andati
e con loro un sorso della mia solitudine.

È giunto però un gruppo di giovani
e io penso a te, Giacomo,
a tutto ciò che hai perso,
al mare in cui amavi naufragare.

E mentre guardo un mare, uno dei tanti
Mari della Terra
non riesco a non pensare all'assassinio
mai punito,
alle rapine mai scontate,
al borseggio delle speranze
degli uomini,
al furto della loro vita.

E mentre osservo l'amplesso
del fuoco e dell'acqua,

vedo il loro figlio nelle parole
dei miei fragili versi.

**Cover**

Plastica riciclata,
tastiere anni '90,
la sabbia tra i capelli,
le fate nei boschi.

Ballo sola,
terrorizzata e attratta
dalla vita che mi ha lasciato
un paio di chiamate perse
e persino la segreteria telefonica
piena.

Mentre tu mi lasci i soliti vocali
con la voce che piano piano
sembra sempre più un ricordo o
una fantasia.

E spolverando sul comodino
ho trovato dei libri mossi dal vento
e dei biglietti del tram,
che si vanno perdendo nelle strade
e nelle ombre che già non sono più.

Come puoi guardare le luci della città
senza asciugarti le guance?
E pensare che qualcuno

si dimentica di chi ha amato.

Ogni pagina
ogni persona
ha il colore del vuoto,
se questo ne ha uno.

Ogni volta che mi squilla
il cellulare,
io
non rispondo.

**Latte di mandorle**

Il gusto acre
Del fuggire via
Inseguire i turbinanti
Soffi
Di polvere
Scivola lungo
Le pareti della mia gola
La seta
Di un mandorlo in fiore
Con l'amaro odore
Della giovinezza
Incompresa
Mentre raggiunge
L'interno delle stanze
Segrete del mio corpo
Inonda
Le pianure
Battute dal sole
I deserti
Mai raggiunti dal mare
Con in mano
Il bicchiere
Verso
Dentro me
Il gusto insopportabile
Delle mie tempeste

Di sabbia
Bagnata
Dal latte di mandorle
Che scorre
E piano piano
Sembra quasi
Dolce
E sembra quasi
Che non faccia male
E penso che alla fine
Si possa sopportare
Quel continuo scivolare
Giù
E penso che alla fine
Si possa anche amare
Quel continuo scivolare
Giù
Di un sapore
Che sembra
Mettere a tacere
Con il suo acre parlare
Le voci inutili
Che continuano
A riempire
I vuoti
Vicoli
E le non battute
Strade

Che percorrono
Il mio
Corpo
Disegnato
Su una tela
Ora sporca
Di latte di mandorle.

**Le fiabe d’inverno**

Intrappolate dentro
Nascosti cassetti
Sono le fiabe
Ascoltate nei confusi pomeriggi
Di dicembre
Fiabe lontane
Di amori perduti
Fiabe perdute
Di amori lontani
Fiabe
Che ci piace raccontare
Mentre ascoltiamo
Le terre inesplorate
Dentro di noi parlare
Di fiabe mai vissute
Di principi
E principesse
Che non siamo mai stati
Di draghi
Che non abbiamo mai ucciso.

Mentre anche gennaio sfuma
La guerra mai conclusa
Con le fiabe d’inverno
Ci ricorda che non possiamo far altro
Che continuare a scriverle.

**Le nostre valigie erano di nuovo ammucchiate sul marciapiede; avevamo molta strada da fare. Ma non importava, la strada è la vita.**
(Jack Keruac)

**Perderse**

Mi sono persa per le strade.
Cercavo una direzione.
Ma, poi, perché?
Sempre centrati sulla destinazione,
sorvolando il viaggio
incapaci di assaporare i nostri passi.
Essere in ogni via, in ogni luogo
in ogni persona che incontriamo
vivere ogni attimo,
è ciò che di più bello possiamo prenderci dalla vita.

Non sono qui, sono altrove,
mi sono persa,
in una ricerca mai soddisfatta
di un qualcosa che non comprendo;
non l'ho raggiunto, no,
non l'ho raggiunto quel luogo
ma forse ora,
paradossalmente,
non lo voglio nemmeno raggiungere.

Voglio continuare a perdermi,
a riscoprire la bellezza del non sapere.
Senza sapere quale ora sia,
sentire la libertà dal tempo.
Senza sapere quale luogo sia,

sentire l’immensità dello spazio.

Queste parole mi porteranno a te,
a ciò che cerco,
a ciò che non trovo.
Lascia soltanto che ti cerchi,
dopo essermi ritrovata,
e dopo essermi persa,
ancora una volta.

**Avignone**

Le scale dell'opèra
Accolgono i febbrili amanti
Che si baciano di fronte
Al trottare infinito dei cavalli.
I brividi d'amore
Le palpitazioni
Le passioni segrete
A piedi scalzi ballano
Sul ponte
A metà
Come la nostra vita.
La città dormiente
Trema.

## Ad una città catalana

Mi mancano i battiti del cuore,
*los latidos*,
che ho disperso nelle tue vie, o città,
i baci rubati che ho lasciato scritti
sulla sabbia delle tue spiagge,
mentre la notte si fanno figli
al suono delle chitarre spagnole.
Mi mancano le tue tiepide braccia,
o città,
che tiepide avvolgono i miei occhi incantati,
davanti allo splendore della tua *iglesi*a,
che, stagliata sul vacuo vuoto delle tue folli
notti insonni,
si tinge delle sfrenate tinte di Mirò
e dell'odore di vita che si respira
in Placa de Catalunya,
dove i bambini si rincorrono
e si rincorrono gli amori finiti e fugaci.
E mentre cammino sola fra la tua gente,
Barcellona,
mi sento trascinata via e risospinta in avanti,
mentre mi avvicino ai tuoi occhi, Barcellona,
aperti, fermi, ubriachi di vita,
traboccanti di passione, tremo.
E, socchiusa la bocca, sospiri, sussurri,
sfiori la mia pelle, accaldata dal sole

che mi ricopre mentre, raminga, attraverso
il quartiere gotico.
È un piacere perdersi in te, *ciutat*,
e così mi perdo nel pensiero di te
e mi manchi, mi manchi da impazzire
città di pazzia.

## Notti di bugia

*Madrid. Luglio 2019.*

Si spengono le lampade
E le serrande chiudono gli occhi
Mentre in questa notte
Su Venere o su Marte
Si celebrano le nozze
Delle paure e dei sospiri
Del sesso e della guerra
Degli uomini.

Un giorno berrai un cocktail
Al sapore di notti spagnole
E scoprirai qualcosa in più
Sul battito del cuore dei bambini.
Ti farà male la testa
E sentirai tremarti le mani.

Usa quelle mani per rimboccarti
Le coperte prima di dormire,
Per sfiorare le luci della città da lontano,
Dove passeggia il tuo sguardo,
In queste notti di bugia.

In queste notti di bugia,
Dove la morte sembra non esistere,

Dove l'amore sembra non mancare,
Dove questo posto ha il sapore di camomilla
E le parole sembrano preghiere
A Dio Onnipotente.

Sulla pelle, scossa da terremoti,
Infuriano tempeste di ricordi,
Di sensi di colpa, di errori di gioventù.
Di amori di gioventù.

Chissà che la vita non possa cadere a pezzi,
In un battito d'ala
Ma che non faccia rumore.
Chissà se questa cena non sia l'ultima,
Chissà se qualcuno mi tradirà.

E allora seppellitemi là,
Sotto quella casa,
Là dove sono nata con un sospiro
(di piacere!)
E con un sospiro
(di stanchezza?)
Me ne andrò.

Chissà che resterà di queste notti
Di bugia
Dove i miei occhi ballano
E c'è gente lì,

Che fa il bagno a mezzanotte.

O forse sono tutte bugie,
questa notte.
O forse saranno tutte bugie,
domattina.
O domani.
O tutta la vita.

Tutta la vita.

**Notre dame**

Brucia la Grande Madre Chiesa
Bruciano le tue gambe fra le mie
Bruciano
Bruciano le pagine dei giornali
Bruciano nel mare le stelle
Bruciano le fiamme del paradiso
Bruciano i fiori del cimitero
Bruciano
Bruciano le tue parole di carta sussurate
Con un inchiostro incolore
Bruciano gli occhi colmi d'acqua
colore del fuoco
Bruciano
Bruciano le giunture delle mie ossa
Mentre tu bruci
Con lei
Brucia il terrore
Sotto la mia fronte
Brucia la mia fantasia di te
Brucia l'Europa
Brucia dall'interno
Brucia la casa di Orione
Brucia la tua sigaretta
Fra le tue labbra
Che ha preso il mio posto
Nell'incavo della tua

Bocca
Brucia l'incendio di incenso
Che arpeggia fra le nostre narici
Brucia la benzina nelle macchine
Che portano la gente
Chissà dove
Brucia la civiltà occidentale
Sotto i colpi
Della civiltà occidentale
Brucia il lago
Dove ci siamo
Specchiati nudi
Sotto il sole
Brucia la tua follia
Mentre divampa
Logorandoti le pareti
Ad una ad una
Brucia il deserto
Brucia l'oceano
Brucia la morte
Brucia la luna

**Temporale**

Il cielo piange le sue lacrime più amare,
la terra lo ascolta,
asciuga il suo triste pianto,
abbraccia il suo nudo corpo,
bacia il suo pallido viso
e si unisce a lui in amore.

**Spilli di neve**

Il rumore delle scarpe
Che battono il terreno
È ovattato da batuffoli bianchi
Di neve
La stessa neve che
La notte di Natale
Rende felici i bambini degli spot
Pubblicitari
Copre il rumore
Delle mie gambe che tremano
In questo luogo spettrale
Dove degli spot pubblicitari
Non hanno avuto spazio
E non lo avranno mai.

Il rumore delle scarpe
Che battono il terreno
È ovattato da batuffoli bianchi
Di neve
La stessa neve che
Ora ricopre orme
Di vite lasciate nella fanghiglia
Nelle interminabili giornate
E nottate
Di chi questa neve l'ha odiata
Di chi giocarci non poteva

E non sperava che essa arrivasse
A coprire le città.

Qui si sperava solo
Che la neve si sciogliesse
Sotto il peso insostenibile
Degli ultimi giorni di vita
Di un bambino.

Un viaggio regala
Mille indimenticabili
Frammenti di vita
Indelebili nel frenetico
Puzzle dei giorni
Frammenti di vita
Spensierati e felici.

Un viaggio però,
Regala anche
Il rumore delle scarpe
Sugli spilli di neve
Che perforano la pelle.

Si sogna di saper volare
Pur di non calpestare quella neve,
Che come una madre
Ha coperto i suoi bambini
Addormentati nel sonno infinito.

Si sogna di poter cancellare
Il rumore che risuona dentro un luogo
In cui regna soltanto il silenzio.

Un viaggio
Ti regala
Un timbro in più
Sul passaporto della consapevolezza.

Non si sente più il bisogno
Di farsi foto ricordo
Mentre visiti Birkenau
Perché in fondo
Non avresti mai voluto nemmeno
Sentire il bisogno
Di vederlo.

Perché in fondo
Per quanto tu vada
A fondo
Il sorriso spezzato di un bambino
Sotto gli spilli di candida neve
Non potrà mai essere
Perso fra il rumore
Che sugli spilli di neve
È l'indelebile passo
Di tante e troppe
Scarpe

Che non hanno più
Padroni.

## Isola di cielo

*A Losinj*

Ovunque io mi volti
L'azzurro riveste le pareti
Dei miei occhi
Incastrati fra gli scogli
Di quest'isola
Dove il tempo
Non riesce a toccare
Gli angoli delle case
Dove la terra si fa
Leggera
Dove l'odore del silenzio
È salato
E io cammino
Su un'isola
Di cielo.

**25 dicembre 2019**

Profumo di stazione vuota
La sera di natale
È profumo di casa
Di libri già letti
E di libri da scrivere.

Sembra un mosaico di polvere e luce
La città
Sembra una pennellata di caldo e scuro
Cristallo
Il cielo
E sembro tanto piccola e fragile io
Mentre sotto ai piedi ho tappeti
Di schiuma e di fragole
E salgo sull'ultimo treno
Che mi porterà a casa
Che poi casa qual è?

Magari il cielo si farà più chiaro un giorno.

Che poi la mia stanza qual è
Se il mondo è là fuori
E la mia mente
Lì dentro
Neppure ci entra.

E se le stanze della Terra
Sono grandi
E se le porte delle stanze della Terra
Sono aperte
Perché qualcuno resta fuori?
E se l'ultimo treno non arriva stanotte
Né domani?

Magari il cielo si farà più chiaro un giorno.

E l'odore del Natale dov'è?
In chi parte o in chi torna?
In chi rimane a casa?
In chi è sul treno e
Guarda fuori
O
In chi guarda dentro?
In chi le porte le apre?
In chi le serra?
In chi le lascia socchiuse?

Magari il cielo si farà più chiaro un giorno.

**Frittata di mattino**

Si spande il tuorlo di sole
Nel suo albume di cielo
E gettati sulla padella dell'alba
Danzano e danzano
Fino a divenire
Un'unica cosa.

Un piatto dal sapore dolceamaro
Che sa di aspettative
Ed illusioni.

Ma che non è fatto
Se non
Per essere assaggiato

Su un treno
Verso Verona.

**Volto d'Irlanda**

Le tue labbra, Dublino,
Hanno il sapore
Di birre lasciate a metà
Di vernice fresca
Gettata
Grigia
Polverosa
E fredda
Sul tuo cielo.

I tuoi capelli, Dublino
Cadono sciolti
Sulle tue diafane spalle
Incorniciano
I tratti scomposti del tuo volto
Rendono brillanti
I tuoi occhi verdi
Fissi sulla tua confusa
Ordinata
Inconsueta
Penetrante
Bellezza.

**Ben di senso è privo**
**chi ti conosce, Italia, e non t'adora.**
(Vincenzo Monti)

## Macerie

Le scritte sul muro, Amore mio,
le ripulirò.
Le ferite sul fianco e le lacrime cadute
come le tue rovine, un po' alla volta corrose,
vergini, madri
di una civiltà che cerca la resurrezione.
Hai bisogno di essere amata,
di essere toccata, timorosa
e altera allo stesso tempo
mentre mostri al mondo
le tue fragilità, le tue smagliature.
Il tuo passato ti tormenta e ti benedice.
Nel silenzio dei tuoi anni
attonite rimangono le schiere degli uomini
e nell'incertezza del tuo domani
crollano uno ad uno tutti i tuoi castelli.
Sono innamorata di te,
delle tue incoerenze
delle tue movenze
dello splendido modo in cui corri
lontano,
cercando di salvarti,
in cui ti dibatti,
tremante pesce preso nella rete.
Oggi questa è la tua missione,
la sopravvivenza,

mentre la tua gente viene messa alla prova,
mentre i tuoi ponti vanno giù,
la comunicazione si interrompe.
il telefono squilla a vuoto.
Le tue luci intermittenti abbagliano
e nascondono la tua decadente bellezza.
Le tue strade ricoperte di miseria
e di rifiuti.
Rifiuto è la tua parola, Amore,
sei stanca di questa desolazione
vuoi che il cielo torni a tingersi della tua arte,
dei tuoi poeti, santi
e dei tuoi navigatori.
Così aspetti che muoia il giorno
e che rinasca.
Soles occidere et redire possunt.
Italia mea.

## Dimmi cosa vedi

Cosa vedi tu?

Straniero, turista, passante.
Nei vicoli, nelle macerie,
nei volti delle donne, sulle finestre
mentre guardano in basso,
alla vita perduta che se ne va
strisciando,
sotto terra,
dopo che dalla terra si è levata
in un giorno qualunque,
la morte.
Cosa vedi tu?

Tutti gli anni trascorsi qui,
tutti gli inverni intessuti
nei presepi delle chiese
tutte le estati profumate
di pesci e di sudore
e i bambini che giocano a campana,
per le strade
e gli anziani che giocano a carte,
sulle terrazze
e gli LP di Battisti
e la politica in TV
e i mondiali dell'82

e i vivi
e i morti.
Cosa vedi tu?

La vedi la ruggine sulle ali delle ragazze?
E la paura nelle mani dei giovani che le sfiorano,
la notte?
Lo vedi il vuoto negli occhi?
Le radici si spandono, i rami crescono,
ma il taglialegna arriva all'improvviso.
Nell'aria la tensione,
andarsene o restare
perdere o trovare.
Cosa vedi tu?

Cent'anni fa.
Le valigie.
New York.
Il Belgio.
Li vedi quegli uomini alla frontiera?
Non lo senti il pianto delle loro madri,
rimaste qua,
in paese?
Lo sai quanti se ne sono andati da qui?
Alcuni sono tornati
tra queste vie hanno detto addio alla vita
nei loro letti,
alla luce delle candele.

Ma quanti altri su questi sassi,
invece,
non hanno più camminato,
e su quei tavoli non hanno più
posato il piatto.
Cosa vedi tu?

I centrini inamidati,
i bianchi campanili,
l'ostia tra le mani,
l'uva di settembre,
la bottega del sarto,
la casa delle bambole,
i ragni negli angoli,
è mezzogiorno,
i pettegolezzi del pomeriggio,
le fioriere ai balconi,
la campanella della scuola,
i cofanetti dei gioielli,
i giornali del mattino,
il dialetto,
l'odore delle lasagne la domenica.

Un boato.
Il silenzio, il terrore.
La perdita, il nulla.
La mancanza, la nostalgia.
La terra che crolla sotto i piedi.

La strada verso un’altra casa,
una città più grande.
La nuova vita così davanti agli occhi
Da diventare ciechi.

Cosa vedi tu?

Straniero, turista, passante.
Dimmi cosa vedi.
Nel mio paese.
Dimmi
Cosa
Vedi.

## C’era un treno

Stanno costruendo un treno in Magna Grecia,
nello stivale della Puglia.
Corre l’anno 400 a.C.
I primi abitanti di quella penisola
al centro del Mediterraneo,
quella penisola che un giorno si chiamerà Italia,
stanno costruendo un treno.
Un treno lunghissimo, enorme.
Per imparare a far arrivare in treni in orario
gli italiani ci metteranno tanti,
tantissimi,
innumerevoli anni.
Anzi, forse, non hanno ancora imparato.
Gli abitanti della Magna Grecia costruiscono un treno,
un treno che un giorno li porterà nel futuro.
Un treno e una ferrovia.
Un treno, una ferrovia e tante stazioni.

C’è un treno in corsa partito da Roma: 110 d.c.
Sono gli anni di maggiore estensione dell'impero.
Roma caput mundi.
Le genti dell'intero continente
sono accomunate da lingua e civiltà,
ma mantengono, in parte,
le loro identità culturali.
Guardano fuori dai finestrini di questo treno,

che va lentamente,
mentre passano gli anni,
si susseguono gli imperatori,
si mescolano i popoli,
si fa la storia.
Il treno prende sempre più velocità.
È sempre più affollato.
Si riempiono i vagoni.
Passano gli anni, passano le generazioni.
Il mondo va formandosi.

C'è un treno fermo alla stazione di Firenze.
1450 d.C.
I vertici della cultura.
L'apice dell'arte.
Ancora altri vagoni si sono riempiti.
Nell'aria si respira colore,
geometria,
perfezione.
Per il mondo del futuro,
quella sarà
l'età dell'oro,
ma la povera gente sale sul treno
tra la fame e la disperazione.
La visione del passato è sempre distorta
da un presente che non è mai abbastanza.

C'è un treno in corsa diretto a Venezia.

Nei vagoni più lontani vi sono gli antichi romani,
mescolati alle antiche tribù
delle colonie greche.
In quelli più vicini nobildonne rinascimentali,
noti artisti e artigiani si alternano
a giovani ragazze ricoperte di stracci
che cullano neonati malnutriti
e vecchi signori malati,
acciaccati dal peso della vita e della storia.
Corre l'anno 1600.
Nei vagoni si mescolano donne e uomini
venuti da lontano, dall'Oriente,
da mondi distanti,
che in questa splendida città
si intersecano
e sul treno venuto dal passato
trovano le loro radici comuni.

1861.
La penisola è sulla via dell'unificazione.
I passeggeri del treno,
lontani per epoca,
classe sociale,
occupazione,
sentono nell'aria una bellissima sensazione:
quella di appartenere
all'*Italia*.

C' è un treno che stanno ricostruendo
alla stazione di Milano.
Operai e uomini in cravatta affollano le piattaforme,
siamo nel XIX secolo.
Le fabbriche in lontananza sbuffano vapore,
l'elettricità inizia a diffondersi
e i negozi in città aumentano
insieme ai caffè e ai salotti.
È il 5 maggio 1864:
Il nuovo treno è pronto,
è più bello e grande di prima:
ad uno ad uno i passeggeri salgono,
si sistemano nelle nuove bellissime carrozze
e il viaggio riparte.
Guardando fuori ognuno di loro
vede il mondo cambiare sotto i loro occhi,
le persone andare e venire,
la vita cambiare forma,
il sole sorgere dietro le colline.
Passano gli anni.
L'*Italia* prende piano piano forma.

C'è un treno in panne,
stremato dalla guerra.
I binari, ricoperti di fango,
ne bloccano il proseguimento.
I passeggeri hanno paura.
Ne hanno viste tante di guerre,

le hanno vissute sulla propria pelle
o le hanno viste attraverso il vetro,
non sono nuovi a quelle sensazioni.
Ma questa volta sembra essere diverso
e fare davvero paura.
Il 1942 sembra non finire mai.
Dentro il treno si comincia a stare male,
tutti sperano che il treno riparta.

Il treno è ripartito.
È già arrivato il nuovo millennio,
2000 anni dalla nascita di Cristo.
Il treno corre, va.
Non si ferma.
Continua la sua corsa,
attraversa le città, costeggia il mare.
E non si ferma.
Non sa dove fermarsi.
I passeggeri sono confusi,
consci di ciò che li ha preceduti,
attraversano i vagoni in cerca di una risposta,
cambiano i loro posti,
cambiano le loro idee.

Il presente è incomprensibile fino a che non diventa passato.
Il treno continua ad andare.
Chissà quale strada prenderà.

**Meditazione**

Nelle fotografie perse dentro
Il fumo e le chiacchiere
C'era il ricordo di te
Lasciato sbiadire in vecchi album
Nelle fotografie che amo ricordare
Di te
Ci sei tu vestita di rosa
E sei più vivida che mai
E quegli scatti sono dentro
Libri che apri in continuazione
Oppure appesi in cornici d'oro.

Di quei ritagli di giornale
Dove ci sei tu
A volte si perdono dettagli
Ma rimane intatta la sagoma.

Possiamo collezionare
Le figurine della tua
Inesauribile perfezione
E tirarle fuori
Mentre sfiorandoti piano
Tratteniamo respiri
O ne facciamo di profondi
Sotto le tue calde coperte.
Sotto i cieli d'Italia.

**Ama l’arte: fra tutte le menzogne**
**è ancora quella che mente di meno.**
(Gustave Flaubert)

## Cirque

Il direttore del circo apre,
come ogni giorno,
il suo spettacolo al pubblico.

Occhi palpitanti, illusionisti, i miei,
confondono, ingannano me stessa e gli altri.
Ma in fondo, che è soltanto un trucco
Lo sanno benissimo.

La mia bocca, donna cannone,
sputa fuori se stessa,
piena di orgoglio e pudore, aspirando alle stelle.

Abile acrobata, la mia mente
salta e volteggia nel vuoto,
lasciandomi col fiato sospeso.

Le mie mani, domatrici di leoni,
danno ordini, imperiose,
ma tremano, davanti alla maestosità dell'ignoto.

Le mie gambe, equilibriste,
si tengono in bilico tra le strade della mia vita.

A volte i piedi scivolano,
altre invece gli applausi del pubblico

invadono le mie orecchie,
belle donne di scena,
che aspettano solo di essere deliziate
da lusinghe irreali.

Ma è il mio cuore la stella del circo
perché è lui a decidere
quando fermarsi,
e fermare tutti gli altri con lui,
ma da grande giocoliere quale è,
decide di giocare con i suoi battiti
e di non dire quando smetterà di dar spettacolo,
cosi che io non potrò mai
comprarne il biglietto.

**Cinema all'aperto**

Gli spettatori prendono
Posto nel grande cinema
Della poesia
E alzano gli occhi verso
Gli schermi delle parole
Stagliati contro le distese
D'aria scura e pulviscolare
In qualche cinema all'aperto
Dove la poesia è l'attrice
Di un film
Fatto di pause e parole
E lacrime e sorrisi

E mentre qualcuno
Chiede di fare silenzio
"Sta per iniziare"
La grande messa in scena
Delle emozioni
Davanti al silenzio della platea
Comincia

## Pennellate di sospiri

Ci sono dei momenti in cui
Ogni parola che prende spazio
Fra le tue labbra
Sembra di un colore diverso
E lo scuro blu dei tuoi sbadigli
E il tenue azzurro dei tuoi silenzi
Si mescolano al giallo del sorriso
Di un bambino mai cresciuto.

Ci sono dei momenti in cui sospiri
E sembri prendere il pennello
Per tingere distrattamente
Il mio volto
Delle tinte confuse
Che animano i tuoi pensieri
E tra quei sospiri
Ci sono anche
I colori che ho mescolato io
Dentro la tua bocca
Appoggiandoti al cavalletto
Dentro il mio foglio bianco
Traboccante parole scure.

**INDICE**

## Sull'autore

Veronica Orciari nasce il 05/05/2000, a Fano dove ha conseguito il diploma di maturità classica. È attualmente iscritta alla facoltà di Lingue, Culture, Letterature e Traduzione all'Università Sapienza di Roma, dove studia inglese e russo. È studentessa di critica e giornalismo cinematografico presso la scuola di cinema Sentieri Selvaggi.
Ha collaborato con vari festival culturali e possiede un blog di viaggi, la sua più grande passione.
"Fuochi d'artificio un mattino d'estate" è la sua prima pubblicazione.

Youcanprint
Finito di stampare nel mese di dicembre 2020

Printed in Great Britain
by Amazon

27738254R00057